CATALOGUE

RAISONNÉ
DE TABLEAUX,

DE DIFFE'RENS BONS MAÎTRES
DES TROIS ÉCOLES,

De Figures, Buftes & autres Ouvrages de Bronze & de Marbre,
de Porcelaines, & autres Effets
qui compofent le Cabinet de
feu M. Aved, Peintre du Roi
& de fon Académie.

PAR PIERRE REMY.

*Cette Vente fe fera le Lundi 24 Novem-
bre 1766, trois heures de relevée, &
jours fuivants auffi de relevée, rue de
Bourbon, à côté de la petite porte
de l'Eglife des Théatins.*

A PARIS;

Chez DIDOT, l'aîné, Libraire & Imprimeur,
rue Pavée, premiere Porte cochere,
en entrant par le Quai des Auguftins.

____

M. DCC. LXVI.

D05417

an 1766
Catalogue de
Monsieur avec
avec les prix
3t

AVANT-PROPOS.

Jacques André Joseph Aved naquit à Douai en Flandres, le 12 Janvier 1702, de Jean-Baptiste Aved, Docteur en Médecine de la Faculté de Louvain, & de Marguerite Magotot son épouse. Il étoit encore dans la plus tendre enfance, lorsqu'il perdit ses pere & mere. Il fut élevé à Amsterdam, dans la maison de son beau-frère, Capitaine aux Gardes Hollandoises.

L'éducation domestique l'invitoit à la profession des armes; mais un attrait plus puissant entraînoit son génie. Bernard Picart, dont il cherchoit déja les estampes avec une curiosité qui n'étoit pas de son âge, cultiva d'aussi heureuses dispositions pour les Arts. En lui montrant le dessein, ce Graveur célebre voyoit avec autant de plaisir que de surprise, les progrès rapides de son Éleve. Le goût du jeune AVED prévenoit ses leçons, & la Nature sembloit l'avoir déja instruit des mystères de l'Art.

Anvers, Amsterdam, La Haye offroient à ses yeux le plus beau spectacle. Les Temples, les Palais, les Edifices publics, souvent même les maisons des simples Citoyens, sont ornés des Ouvrages des plus grands Maîtres des Écoles Flamande & Hollandoise. Il voyoit, il admiroit sans cesse les Tableaux de Rubens, de Vandyck & de Rembrandt. C'est à la vue de ces chef-d'œuvres, c'est à l'examen persévérant des beautés qu'ils renferment, qu'il a dû ses talents & ses succès.

Mais il sentit dès-lors qu'il étoit nécessaire de se former dans une École vivante, & qu'il fal-

loit s'inftruire par l'exemple joint
au précepte. Il vint à Paris en
1721, & il entra chez M. Bel,
de l'Académie Royale de Pein-
ture. Les leçons de ce Maître,
les avis des jeunes Artiftes, fes
amis, devenus dans la fuite des
hommes fi célèbres*, le mirent
en état d'être agréé de l'Académie en 1729. M. AVED n'avoit
alors que vingt-fept ans. Il pré-
fenta fes morceaux de réception
en 1734; il fut nommé Confeil-
ler en 1744, & Penfionnaire en
1764.

Avant la Campagne de 1744,
il eut l'honneur d'être appellé à
la Cour pour faire le portrait du
Roi.

Il avoit déja fait celui de l'Am-
baffadeur Turc, Said-Pacha-Me-
hemet Effendi, que SA MAJESTÉ

----

* MM. Carlo Vanloo, Boucher, Chardin
& Dumont le Romain.

a bien voulu agréer. Ce Tableau, qui eſt dans la Salle des Gardes à Choiſy, obtint, lorſqu'il fut expoſé au Sallon, les ſuffrages du Public & ceux des Confrères de M. AVED.

On ſe contentera d'indiquer ici ſes principaux Ouvrages. On mettra à la tête le portrait du célebre Rouſſeau, qui par reconnoiſſance, l'a immortaliſé dans ſes vers. M. AVED a ſoutenu dans la ſuite la réputation qu'il avoit déja acquiſe par les portraits de Madame Crozat, de Madame Dupleix, de Madame de Saint-Maure. Il faut encore y joindre ceux du feu Stathouder, de M. le Maréchal de Maillebois, de M. le Duc de Chevreuſe, de M. le Comte du Luc, de M. le Marquis de Mirabeau, du ſavant Abbé Capperonnier, & du tragique Crébillon. On ne doit pas oublier non plus le portrait en pied de M. le Maréchal de Clermont-Tonnerre. C'eſt par cet Ouvrage qu'il a terminé ſa carrière dans les Arts.

Le mérite principal qui règne dans ſes Tableaux, eſt la naïveté de l'imitation, le bel empâtement & la vérité du coloris. M. AVED rendoit non ſeulement avec la plus grande exactitude les traits des perſonnes qu'il peignoit, mais il exprimoit encore leur caractère, leurs vertus & leurs mœurs. Ce n'étoit pas une froide & ſtérile image, c'étoit l'homme même qu'il repréſentoit. Il travailloit toujours d'après *nature*, & quelqu'habitude qu'il eût dans ſon Art, jamais il n'a rien fait de *pratique*. Il étudioit les *détails* acceſſoires & la *ſcience des effets* avec la plus grande application ; & quand, en ne négligeant aucune partie dans ſes Tableaux, il étoit parvenu à faire un beau tout, il n'étoit pas encore content de ſes Ouvrages.

Il avoit formé une grande collection de Tableaux ; il y avoit employé tout ſon patrimoine & le bien de ſa femme. Cette belle Collection, il l'appelloit ſa Bibliothéque. On peut juger par ſes Ouvrages du fruit qu'il a tiré de cette eſpèce de *lecture*. C'étoit au reſte un des plus parfaits connoiſſeurs de l'Europe. Il avoit vû un nombre prodigieux de Tableaux de tous les Maîtres. Il avoit étudié, avec une attention ſcrupuleuſe, leur manière & leur touche ; & ſa mémoire étoit telle, que ce qu'il avoit vû une fois, il ne l'oublioit jamais.

La plus grande partie des Tableaux qui compoſent ſon Cabinet, a été acquiſe dans les différents voyages qu'il a faits en Hollande. Il acheta en entier le fameux Cabinet de M. Scholt,

& les plus beaux Tableaux de M.
le Comte de Waſſenaër d'Ob-
dam.

Il a eu pour amis généralement
tous ceux qui l'ont connu, &
l'on peut mettre dans ce nombre beaucoup de perſonnes illuſ-
tres par leur naiſſance & par leur
rang, qui ont honoré ſa mémoire
de leurs regrets. Sa belle & heureuſe phyſionomie annonçoit la
candeur de ſon ame ; ſa converſa-
tion étoit agréable & ſon eſprit
orné. Noble, généreux, compa-
tiſſant, il a fait beaucoup de bien
dans une condition médiocre &
avec une fortune bornée. L'homme qu'il a offenſé, celui qu'il a
ſeulement déſobligé, ſont encore à trouver. Il eſt mort d'une
attaque d'apopléxie & de paraly-
ſie, le 4 Mars 1766, âgé de ſoi-
xante-quatre ans. Sa forte conſti-
tution, qu'aucun excès n'avoit
altérée, ſembloit lui promettre
de plus longs jours.

Il avoit époufé, le 24 Août 1725, Anne Charlotte Gaultier de Loïzerolle, fille d'un ancien Capitaine au Régiment de Rouërgue. Il a laiffé une veuve & deux fils ; l'un eft Maître des Eaux & Forêts de Chaumont en Baffigny, & l'autre eft Avocat au Parlement.

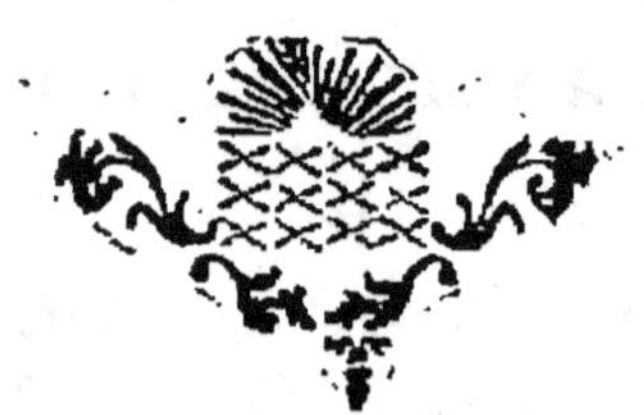

CATALOGUE

CATALOGUE

DES TABLEAUX

Et autres Curiosités du Cabinet de feu M. AVED, Peintre du Roi.

ECOLE D'ITALIE.

Jacques Robusti, dit le Tintoret.

1 NOTRE Seigneur en Croix : au bas font S. Jean, la Vierge & les Saintes Femmes ; deux bourreaux tiennent une échelle ; on compte en tout neuf figures. Ce Tableau est d'une grande beauté & du meilleur faire de ce grand Peintre Vénitien. Il est peint sur une toile ceintrée du haut, qui porte 5 pieds 9 pouces de haut, sur 4 pieds de large *.

---

* Les mesures des tableaux que l'on donne

A

2 TABLEAUX.

DOMINIQUE ZAMPIERRI, dit le DOMINIQUAIN.

2 La Sainte Vierge affife, tenant l'Enfant Jefus fur fes genoux ; S. Jofeph eft à la gauche du Tableau, dans l'attitude d'un homme qui refléchit. Ce Tableau, dont le mérite eft connu, eft peint fur une toile de 4 pieds 4 pouces de haut, fur 3 pieds 8 pouces de large. - - - 720

JEAN FRANÇOIS BARBIERI DA CENTO, dit le GUERCHIN.

3 Loth & fes filles, figures de grandeur naturelle. Ce Tableau, qui eft d'un vigoureux coloris, eft peint fur toile ; il porte 5 pieds 8 pouces de haut, fur 4 pieds 9 pouces de large. 40

CERQUOZZI, furnommé MICHEL ANGE DES BATAILLES.

4 Une Bataille richement compofée & graffement peinte, fur une toile de 20 pouces & demi de haut, fur 37 pouces de large.

---

fon prifes de feuillure en feuillure, fans y comprendre les bordures, qui font prefque toutes très belles.

BENEDETTO CASTIGLIONE GENOVESE, appellé communément LE BENEDETTE.

5 Un Sujet tiré de la Genese, Chapitre premier. Ce Tableau, riche de composition, est peint sur une toile de 7 pieds un pouce, sur 5 pieds 4 pouces.

JEAN FRANÇOIS ROMANELLI.

6 Une agréable Nymphe se tenant à un arbre & montrant de l'eau qui tombe sur des rochers ; cette figure n'est vue qu'à mi-corps. Tableau peint sur une toile de 6 pouces & demi de haut, sur 8 pouces un quart de large.

PIERRE FRANÇOIS MOLA, dit LE MOLLE.

7 S. Jérôme à genoux, la tête élevée ; son livre est à terre devant lui ; le fond est un paysage. Ce Tableau, touché savamment, de la bonne maniere de ce Maître, & d'un bon coloris, est peint sur toile ; il porte 18 pouces de haut, sur 12 de large.

LUC JORDANE DE NAPLES, surnommé IL FA PRESTO.

8   Jupiter qui vient visiter Semelé, figures grandes comme nature, accompagné de trois amours, dont un tient le rideau du lit. Ce Tableau est peint sur une toile de 4 pieds 8 pouces de haut, sur 5 pieds 10 pouces de large.

9   La Sainte Vierge avec l'Enfant Jesus, donnant un cordon à un Religieux ; un Ange tient un plat, sur lequel sont des Reliquaires & un Lys. Ce Tableau , qui est d'un agréable & bon coloris, est peint sur toile , il porte 23 pouces de haut , sur 18 de large.

FRANCESCO TREVISANI.

10 Un très beau Tableau peint sur une toile de 18 pouces de haut, sur 14 pouces & demi de large ; il représente la Madelene à genoux , accompagnée de quatre Anges, dont deux lui présentent un livre ouvert ; deux têtes de Cherubins sont dans une Gloire.

PHILIPPE DE LIANO, surnommé le NAPOLITAIN.

11 Deux Batailles peintes sur toile, chacune porte 7 pouces & demi de haut, sur 11 pouces.

SEBASTIEN RICCI.

12. L'Adoration des Rois; ce Tableau, qui est d'une composition riche & intéressante, est peint sur une toile de 23 pouces de haut, sur 18 de large.

FRANÇOIS SOLIMENE.

13 Le Mariage de Sainte Catherine, Tableau peint en pastel; il porte 18 pouces de haut, sur 12 pouces de large. Ce morceau est un des bons de ce Maître.

RENAUD MONTAGNE DE VÉNISE.

14 La vue d'une Ville, d'un Fort & de plusieurs Vaisseaux en mer, Tableau richement composé, avec beaucoup de figures; il est peint sur une toile de 20 pouces de haut, sur 31 de large.

ECOLE DES PAYS-BAS.

PIERRE BREUGHEL.

15 UN beau Paysage, dans lequel Jean-Baptiste Oudry a peint, dans son bon tems, plusieurs chiens qui courent au Cerf. Ce Tableau est peint sur une toile de 21 pouces de haut, sur 28 de large.

CHRISTOPHE SWARTS.

16 Trois Officiers qui jouent aux dez sur un tambour ; un jeune garçon présente un verre de vin à une femme qui les regarde ; trois personnages s'apperçoivent dans un éloignement à droite, & un peu de Ciel. Ce Tableau, peint sur une toile, porte 19 pouces de haut, sur 28 de large.

PAUL BRIL.

17 Un beau Paysage, dans lequel on observe six vaches, un veau, une femme qui les conduit ; deux hom-

mes dans une belle prairie, proche
de la riviere. Sur le premier plan,
dans le coin à gauche, un Chaſſeur
tire ſur des canards, deux autres
l'accompagnent. Toutes les figures
& les animaux ſont peints par *An-
nibal Carrache.*

Ce Tableau, d'une compoſition heureuſe & d'une belle couleur ragoutante, jouit d'une réputation méritée. Il eſt peint ſur
toile; il porte 2 2 pouces de haut,
ſur 2 8 de large.

18 Une Marine. On remarque des
vaiſſeaux & chaloupes au bord de la
mer, & des bateaux, dont deux
dans leſquels on charge des balots
& des tonneaux; des tours & autres
édifices ſont placés ſur la gauche
à quelque diſtance. Les figures
ſont en grand nombre & auſſi bien
deſſinées que ſi elles étoient de la
main de Carrache, ce qui donne à
croire à quelques-uns que ce grand
Maître en eſt l'Auteur. Ce Tableau,
qui eſt d'un coloris clair, & que

l'on regarde avec plaifir, eft peint
fur une toile de 22 pouces de haut,
fur 28 pouces de large.

PIÉRRE NEEFS.

19 L'intérieur d'une Eglife éclairée
par le jour & enrichie de beaucoup
de figures. Ce bon Tableau, peint
fur bois, porte 12 pouces 3 lignes
de haut, fur 17 & demi de large.

20 Un autre intérieur d'Eglife, enrichi auffi de beaucoup de figures,
Tableau fur toile de 17 pouces de
haut, fur 23 de large.

MICHEL RICKAERT.

21 Un Payfage montagneux ; deux
hommes gardent des chevres fur des
rochers. Ce Tableau, peint fur
cuivre, porte 10 pouces 3 quarts
de haut, fur 15 pouces 9 lignes.

PIERRE PAUL RUBENS.

22 Un Tableau peint fur une toile de
24 pouces de haut, fur 19 & demi
de large. Il repréfente S. Michel
qui terraffe le Démon.

GUILLAUME NIEULANT.

23 Des Vues de rochers, de coteaux, & d'un Payfage extrêmement
agéable & frais de coloris ; l'on remarque fur le devant, dans le coin
à gauche, deux hommes & une femme qui fe repofent, un âne qui pâ-
ture. Ce Tableau, peint fur cuivre,
porte 8 pouces 3 lignes de haut,
fur 12 pouces de large.

24 Deux autres Tableaux du même
Maître, enrichis de figures & animaux, l'un eft peint fur cuivre &
l'autre fur bois ; chacun porte 10
pouces de haut, fur 13 de large.

CORNILLE POELENBURG.

25 Diane découvrant la groffeffe de
Califto. Cette Divinité & une de
fes Nymphes font vues par le dos
affifes fur un morceau de rocher,
trois autres découvrent Califto,
d'autres fe baignent dans une riviere ; ces figures font au nombre
de 14. Un riche payfage & des rochers fe diftinguent très bien de
l'autre côté de la riviere. Ce Tableau, peint fur bois, qui porte 19

A v

pouces & demi de haut, sur 29 de large, a un coloris frais, brillant, & autant agréable qu'on puisse se l'imaginer ; on croit pouvoir assurer que ce morceau est du premier ordre.

26 Des figures & animaux dans une campagne enrichie par plusieurs belles ruines ; il regne dans ce Tableau une suavité & un coloris qui le distinguent. Il est peint sur bois, & porte 12 pouces de haut, sur 15 de large.

JEAN BREUGHEL , ou BREUGHEL DE VLOUR.

27 Un Tableau peint sur cuivre, de 9 pouces & demi de haut, sur 6 pouces 3 quarts de large. Il représente des fleurs dans un gobelet de verre posé sur une table.

JACQUES JORDAENS.

28 Une Sainte Famille, composée de huit figures, petite nature ; on y remarque l'Enfant Jesus debout, les pieds sur un Dragon qui serpente autour du globe ; la Sainte Vierge assise, vue de profil, le soutient de

la main gauche poſée ſur la poitri-
ne ; elle a le bras droit paſſé der-
riere l'Enfant, & tient la main du
petit S. Jean, qui a une poire & eſt
aſſis ſur un mouton ; S. Joſeph eſt
à la droite du Tableau, une main
poſée ſur le Berceau ; le Grand-
Prêtre Siméon & la Prophéteſſe Anne ſont au côté oppoſé. Ce Tableau
eſt peint ſur une toile de 5 pieds 1
pouce de haut, ſur 4 pieds 6 pouces
de large.

Les Amateurs n'ignorent pas
qu'il ſe trouve aſſez ordinaire-
ment dans les Compoſitions de
ce Maître des figures outrées de
caractere, ignobles & très déſa-
gréables ; ce Tableau-ci n'a pas
ce défaut, tout y eſt traité avec
nobleſſe.

ANTOINE VAN DYCK.

29 Notre Seigneur deſcendu de la
Croix, repréſenté ſoutenu par la
Vierge & en partie ſur ſes genoux ;
deux Anges l'adorent. Trois têtes
de Cherubins ſont en haut, à la

gauche du Tableau, qui eſt peint ſur bois, & porte 3 pieds 5 pouces de haut, ſur 4 pieds & demi de large.

30 Un Portrait d'homme, vu de 3 quarts ; il porte une fraiſe large & élevée, un habit à boutons d'or, & une chaîne auſſi d'or. Ce Tableau, de forme ovale, eſt peint ſur une toile de 24 pouces de haut, ſur 19 de large.

REMBRANDT VAN RYN.

31 Suſanne au bain ; cette vertueuſe femme eſt inclinée & debout, un pied dans l'eau & l'autre ſur une marche de pierre ; elle ſemble faire un effort pour échapper des mains d'un vieillard qui la retient par ſa chemiſe, dont elle s'eſt en partie couverte. Le ſecond vieillard eſt ſur un plan un peu plus élevé, la main droite appuyée ſur une rampe d'eſ-calier ; une belle robe d'écarlate avec agrément d'or, eſt poſée ſur un pied d'eſtal, au bas duquel ſont des pantoufles de même couleur ; des édifices & de l'architecture font

en plus grande partie le fond de ce Tableau, qui est peint sur bois ; il porte 28 pouces de haut, sur 34 de large.

Une intelligence parfaite, une touche ferme & le bel effet du clair obscur distinguent infiniment ce morceau, & le mettent au rang des plus importants de ce Maître : on lui reproche néanmoins que la figure de Susanne n'est pas d'un beau choix ; mais qui ne sait pas que Rembrandt n'a jamais brillé dans la partie du dessein, lorsque les sujets l'ont obligé de représenter des femmes nues ?

32 Le Portrait de la Princesse de Nassau Sighem. Cette Dame, qui a un beau port, est vue à mi-corps & de face ; elle a le bras gauche posé sur une tablette de pierre, le coude droit appuyé sur la même tablette, & le bras élevé tenant une fleur de Grenade. Ce Tableau, qui est peint

fur une toile de 32 pouces de haut,
fur 26 de large, eft du nombre des
bons portraits de Rembrandt.

33 Le Portrait d'un jeune homme vû
presque de face; fa tête eft garnie
de cheveux un peu frisés; il porte
un très grand collet rabattu fur fon
habit, qui eft noir. Ce Tableau eft
clair & d'un beau fini. Il eft peint en
1651, fur une toile de 23 pouces de
haut, fur 16 de large.

34 Le Portrait de Lenard Bramer, vû
de 3 quarts & plus qu'à mi-corps;
il tient des deux mains un cahier de
papier & un porte-crayon; fon chapeau eft en pain de fucre à bord rabattu, avec ganfe d'or; un rabat,
une robe noire, en partie ouverte,
laiffe voir une vefte à petits galons
& boutons d'or. Ce Tableau ragou-
tant eft peint fur une toile de 41
pouces de haut, fur 31 pouces &
demi de large.

35 Une Fille qui tient un livre de
Mufique; elle eft affife & vue juf-
qu'aux genoux. Ce Tableau eft peint
fur bois; il porte 24 pouces de haut,
fur 19 de large.

36 Bufte de femme, un chapeau fur

la tête, peint sur une toile de 21
pouces & demi de haut, sur 17
pouces & demi de large.

37 Un Philosophe qui tient, avec ses
deux mains, un livre ouvert ; il est
assis proche d'une chaumiere. Cette
figure est d'un caractere noble, & par
conséquent très estimable. Ce Tableau, peint sur bois, porte 21 pouces de haut, sur 16 de large.

38 Un tems orageux, représenté avec
toute l'intelligence d'un Artiste qui
connoît parfaitement les effets de la
nature. Ce Tableau est en outre très
intéressant par la richesse de la composition ; on voit sur le devant des
maisons & des arbres, proche d'un
pont composé de deux arches, sous
lesquelles passe une riviere ; des
Moissonneurs dans la campagne,
qui chargent une voiture, d'autres
personnages & des animaux ; plusieurs coteaux terminent le point de
vue. Ce Tableau est peint sur une
toile de 14 pouces de haut, sur 23
de large.

39 Un Officier à cheval & plusieurs
autres figures. Ce Tableau, qui n'a
pas de bordure, est une esquisse

remplie de mérite, peinte sur une toile de 24 pouces & demi de haut, sur 23 pouces de large.

ABRAHAM VAN DIEPENBÉKE.

40 Une Orgie, ou Fête de Bacchus ; composée de 17 figures, depuis 4 poucés jusqu'à six de proportion, les unes boivent, les autres dansent & se reposent : toutes les attitudes variées rendent ce Tableau satisfaisant. Il est peint sur cuivre, & porte 16 pouces de haut, sur 18 pouces de large.

ERASME QUELLINUS.

41 Les quatre Eléments personnifiés par les Dieux de la Fable. Tableau peint sur cuivre ; il porte 19 pouces & demi de haut, sur 15 de large.

ADRIEN BRAUWER.

42 Quatre hommes, dont deux qui jouent aux cartes. Ce Tableau, que l'on attribue à Brauwer, est peint sur une toile de 14 pouces de haut, sur 13 de large.

DAVID TENIÉRS.

43 La maison d'un Boucher ; une femme y dépouille la tête d'un veau. Ce Tableau, qui est du bon tems de ce Maître, est peint sur toile qui porte 28 pouces de haut, sur 21 pouces & demi de large.

44 Un Berger endormi proche de son troupeau, composé de deux vaches, onze moutons, un agneau & deux porcs ; un chien est à côté de son Maître. Sur un plan un peu éloigné à gauche, on remarque entr'autres des gens à table sous une treille, à la porte d'un Cabaret ; & sur la gauche, un peu plus loin, plusieurs maisons, du paysage, & de petites figures. Ce Tableau, composé avec avantage, est de l'agréable coloris de *Teniers* ; il est peint sur toile, & porte 22 pouces de haut, sur 28 & demi de large.

45 Un riche Paysage avec des Fabriques ; la Magdelene dans sa pénitence se voit sur le devant du Tableau. C'est un pastiche dans le style de Jean-Baptiste Mola. Il est peint

fur toile , & porte 21 pouces de haut , fur 29 de large.

46 Un Port de mer ; on y peut compter 50 figures , dont les plus grandes ont 4 pouces de proportion. Ce Tableau eſt d'une bonne couleur , & compoſé avantageuſement ; il eſt peint fur une toile de 29 pouces de haut , fur 46 de large.

47 Une Ferme , au dehors de laquelle on voit des poules & des cannes , dont pluſieurs ſont dans l'eau ; l'on ſeroit tenté de croire que ce Tableau eſt de David Teniers ; s'il n'en eſt pas , il eſt donc d'Apſoom , ſon imitateur. Ce Tableau eſt peint fur bois ; il porte 17 pouces de haut , fur 13 pouces & demi de large.

ADRIEN VAN OSTADE.

48 Un Tableau peint fur toile , de 36 pouces de haut , fur 50 pouces de large.

Ce morceau eſt le plus grand que l'on connoiſſe à Paris , & par conſéquent le plus capital ; il eſt fait avec une intelligence qui caractérise un Artiste profond dans son Art ; on y remarque deux grandes maisons où l'on tient Hôtellerie , dont l'une a pour enseigne un Lion , devant laquelle on danse en rond , au son d'une musette, pendant que d'autres boivent , fument, s'embrassent & se reposent. Tous les groupes de figures sont distribués agréablement & avantageusemen. On distingue encore à gauche , sur un plan un peu éloigné, beaucoup de personnages, des tentes & des arbres. Il y a environ 80 figures , dont les plus grandes ont 4 à 5 pouces de proportion.

49 Une chambre, dont la plus grande lumiere est occasionnée par une lampe attachée dans une cheminée où il y a grand feu , un jeune garçon se chauffe , cinq hommes assis fument & boivent, une femme les

regarde. Ce Tableau est peint sur bois, & porte 14 pouces & demi de haut, sur 13 de large.

GERARD DOV.

50 Une vieille femme agréable, vue de face & à mi-corps, proche d'une table, sur laquelle est un baquet qui contient les ingrédiens pour faire du boudin, qu'elle hache avec un couperet. Une cornette blanche, une fraise, un bavolet, des manches rouges & un tablier bleu composent son habillement : différents accessoirs, comme lanterne accrochée à la muraille, une cruche, un chauderon, & des légumes posés sur un banc & sur la table enrichissent ce Tableau, éclairé par la lumiere d'une chandelle ; il est peint sur bois ceintré du haut, & porte 14 pouces 1 quart de haut, sur 11 pouces 3 lignes de large.

On connoît le mérite des Ouvrages de ce Maître, qui sont portés au plus haut prix.

ADRIEN VANDEN VELDE.

51 Cinq belles vaches dans une prairie. Ce Tableau , qui est d'une
agréable couleur & d'un pinceau
onctueux, a été peint en l'année
1654, sur une toile de 20 pouces
3 lignes de haut, sur 24 pouces &
demi de large.

DAVID RICKAERT.

52 Jupiter & Mercure recevant l'hos-
pitalité chez Baucis & Philémon,
Tableau peint sur toile de 21 pouces & demi de haut , sur 32 pouces
& demi de large.

C'est avec raison que M. Des-
camps dit que les études réflé-
chies sur la maniere des grands
Maîtres, mirent Rickaert de ni-
veau avec les meilleurs Peintres
de son tems; on remarque cette
vérité dans ce Tableau que nous
annonçons , qui a un coloris
agréable & une touche admirable,

53 Une Famille dans leur cuiſine, où ſont quantité d'uſtenſiles de ména-ge, des poules, du poiſſon & des légumes. Ce Tableau eſt peint ſur bois, dans le ſtyle de Teniers; il a des beautés de touche qui le diſtin-guent. Sa hauteur eſt de 12 pouces, & ſa largeur de 20 pouces & demi.

ISAAC OSTADE.

54 Un Tableau peint ſur bois, qui porte 12 pouces de haut, ſur 15 de large : il repréſente la vue d'un vil-lage entouré d'arbres & une campa-gne ; pluſieurs figures s'y remar-quent.

THOMAS WYCK.

55 Deux Tableaux, l'un repréſente un Philoſophe dans ſon Cabinet, & l'autre, un Chymiſte dans ſon labo-ratoire, avec un jeune garçon, cha-cun avec les attributs & uſtenſiles de ſon art, & occupé à ſon travail. Les compoſitions de ces Tableaux ſont d'une grande richeſſe & du meilleur tems de ce Maître ; ils ſont ſur bois, & portent chacun 15 pouces de haut, ſur 13 de large.

PIERRE VANDER FAES, surnommé LELY.

56 Une Dame habillée en satin blanc brodé; le fond de ce Tableau est du paysage & une balustrade; il est sur toile, & porte 30 pouces de haut, sur 19 de large. Il n'a point de bordure.

57 Un Officier ayant une cuirasse; il est vû à mi-corps, & peint sur une toile de 26 pouces de haut, sur 21 de large.

BARTHOLOMÉ BREENBERG.

58 S. Paul & Barnabé guérissant un boiteux à Lystres. Ce Tableau renferme tous les attributs du Paganisme; la composition est des plus considérables; on y compte environ 500 figures, en y comprenant les petites, qui se voient dans l'éloignement; les plus grandes ont 4 & 5 pouces de proportion.

Ce Tableau est un de ceux dans lequel Breenberg a fait voir l'abondance de son génie dans la composition ; le coloris est très-ragoutant & la touche grasse & savante : il est peint sur bois, & porte 25 pouces de haut, sur 31 de large,

59 Un autre Tableau très capital & d'un coloris vigoureux, peint par le même Breenberg, sur une toile de 32 pouces de haut, sur 38 de large ; il représente le martyre de S. Laurent ; les plus grandes figures ont 8 à 9 pouces de proportion ; on y remarque l'Empereur Décius, plusieurs Tribuns militaires, des Prêtres de Mercure, dont on voit la Statue, son Temple, & différents Monuments de Rome. Breenberg lui-même a gravé l'estampe de ce Tableau, qui est très connu, & dont on fait un cas singulier.

60 Un homme & une femme, chaque figure porte 2 pouces & demi de proportion, & cinq vaches proche d'un ancien édifice ruiné ; à gauche, sur un plan plus éloigné, on remarque un Château dans un bois, dont on n'apperçoit que la partie du haut,

haut, & des montagnes dans l'éloignement.

Ce Tableau est piquant, &
agréable de couleur; on ne peut
désirer un plus joli morceau de
ce Maître : il porte 9 pouces de
haut, sur 11 pieds 3 lignes de
large, peint sur bois.

61 Un autre beau Tableau du même
Maître, & dans le style du précé-　*170.*
dent ; il représente une très agréable vue de Tivoli, où l'on apperçoit plusieurs petites figurines & des
animaux ; il est peint sur bois, &
porte 9 pouces de haut, sur 12 pouces 3 lignes de large.

PHILIPPE WOUVERMANS.

62 Une Ecurie qui occupe presque
tout le Tableau ; elle a sur la gau-　*2301.*
che deux très grandes entrées, au
travers desquelles on remarque un
beau Ciel, & des montagnes dans
l'éloignement. Proche de la plus petite entrée, on voit un Cavalier à
cheval, qui donne de l'argent à un

garçon d'écurie ; un domestique qui
tient un cheval par la bride, pendant qu'un Huffart, affis fur des ba-
gages, accommode fes bottes. Neuf
figures, autant de chevaux, un
coq, deux poules font la richeffe de
ce Tableau, qui eft peint graffement, de belle couleur vigoureufe,
& touché avec art. Il eft fur bois,
& porte 15 pouces de haut, fur 21
pouces de large.

63 Deux Tableaux peints fur toile ;
chacun porte 21 pouces de haut,
fur 26 de large. Ils repréfentent
deux vues de Scheveling, proche
La Haye, prifes de différents côtés ;
des Cavaliers, Chaffeurs à cheval,
& autres figures fur différents plans.
Ces deux beaux morceaux font d'un
ton argentin ; Philippe Wouver-
mans les a peints dans fon bon
tems.

64 Une Bataille, compofée d'un grand
nombre de Cavaliers combattants à
coups de fabres & de piftolets, des
hommes & des chevaux renverfés
fur le devant ; & dans le fond, des
troupes qui gagnent un Pont ruiné.
Ce Tableau eft compofé avec tout le

feu imaginable, & d'un style diffé-
rent de beaucoup d'autres. Il est peint
sur une toile de 3 pieds 7 pouces
de haut, sur 5 pieds 4 pouces de
large.

65 Un Tableau, que l'on dit être de
Philippe Wouwermans, peint sur
une toile de 13 pouces de haut, sur
17 de large. On y voit plusieurs
figures, entr'autres un homme à
cheval qui en tient un autre par la
bride, proche d'un abreuvoir.

PIERRE WOUWERMANS.

66 Deux sujets de guerre, dont une
Bataille, très riche de composition.
Ces deux Tableaux sont du meilleur
tems & du bon *faire* de ce Maître.
Ils sont sur bois, & portent chacun
11 pouces & demi de haut, sur 14
de large.

PIERRE VAN BLOEMEN.

67 Deux des plus beaux morceaux de
ce Maître, représentant des animaux de diverses especes, & dans
chacun une figure. Ils portent 15
pouces de haut, sur 22 de large.

CORNILLE BEGA.

68 Un Maître de Musique donnant leçon à son Ecoliere : Tableau peint sur bois ; il porte 15 pouces de haut, sur 12 de large.

ADAM PINAKER.

69 Un Paysage enrichi d'arbres de plusieurs especes, & de broussailles. Sur trois plans différents l'on trouve un groupe de quatre animaux, dont deux vaches : deux hommes, l'un debout & l'autre assis ; un homme à cheval dans l'éloignement. Ce Tableau est d'un ton chaud, bien dessiné, & touché en paysagiste du premier mérite.

GERBRANDT VANDEN ECKHOUT.

70 Notre Seigneur assis dans le Temple de Jérusalem, confondant les Docteurs de la Loi. On compte dix-sept figures, toutes belles & variées de caracteres expressifs. Ce Tableau est du plus parfait pinceau de ce Maître, & l'effet du clair-obscur en releve le mérite. Il est peint

sur une toile de 23 pouces de haut,
sur 30 de large.

71 Sept Figures dans un Corps-de-
garde ; plusieurs Officiers jouent aux
cartes avec une femme ; un autre,
assis sur une chaise, tient la main
d'une Dame qui est debout & vue
de profil, il semble prendre congé
d'elle ; un jeune cadet s'amuse avec
un chien. Ce beau Tableau, peint
sur toile colée sur bois, porte 26
pouces de haut, sur 23 pouces de
large.

JACQUES VANDER DOES.

72 Des vaches & des moutons dans
un paysage ; un peu dans l'éloignement on distingue, proche d'une
maison de paysan, un homme, une
femme & un cheval chargé de différentes choses. Vander Does a peint
ce Tableau sur bois, en l'année
1658. Il est correct de dessein, d'un
pinceau velouté & bien coloré ; sa
hauteur est de 14 pouces, & sa largeur de 18.

VAN BERG.

73 Un Tableau peint sur toile, de

même grandeur que le précédent, qui lui fert de pendant, & qui eft du plus beau de ce Maître. On y voit, avec fatisfaction, cinq vaches, dont une blanche, qui boit ; un mouton, un agneau, un bélier & de beaux arbres ; un payfan affis, qui tient fon chien proche d'un ruiffeau, à peu de diftance d'une baraque faite avec de la paille & des perches attachées à deux arbres, dans laquelle eft fur terre une femme qui dort ; dans l'éloignement à gauche, des montagnes & des fabriques.

NICOLAS BERGHEM.

74 Jupiter enfant, dormant fur les genoux de la Nymphe Amalthée, environné de Corybantes qui danfent au fon de la flute & des cymbales ; toutes ces figures, au nombre de huit, dont trois ne font vifibles que par la tête, forment un beau groupe, qui eft un peu élevé à la gauche du Tableau : la plus grande figure eft un homme affis jouant de la flute, il a environ 16 pouces de proportion : des plantes fur le de-

vant, & nombre de moutons fur
plufieurs plans enrichiffent cette
compofition.

Ce Tableau eft capital, tant
par la franchife de la touche,
que par la fraîcheur & la tranf-
parence ; nous croyons pouvoir
dire qu'il eft admirable dans toutes fes parties. Il eft peint fur une
toile de 34 pouces de haut, fur
32 pouces de large.

75 Un Tableau peint dans le gout
    Italien ; on y voit un homme qui
    garde des vaches, & eft appuyé fur
    une d'entr'elles ; il eft fur bois, &
    porte 23 pouces de haut, fur 17 de
    large.

76 Une famille de Satyres, en petites
    figures dans un payfage. Ce Tableau
    eft peint fur une toile de 3 pieds 4
    pouces de haut, fur 4 pieds 1 pouce
    de large.

JURIAAN VAN STREECK.

77 Un beau Cafque, orné d'un grand
    & large plumet, un couteau à man-

che d'argent, une boîte à poudre, & autres objets inanimés, posés sur une table. Ce Tableau est d'un agréable coloris & savamment peint, sur une toile de 3 pieds 2 pouces de haut, sur 2 pieds 10 pouces. Il n'a point de bordure.

WILLEM (GUILLAUME) VANDE VELD.

78 Une Marine qui occupe le devant du Tableau dans toute sa largeur; on y voit une chaloupe; plusieurs petits vaisseaux dispersés se voient aussi, mais dans l'éloignement; le point de vue est terminé par des arbres & un village. Ce Tableau est tout-à fait satisfaisant; il est peint sur bois, & porte 14 pouces de haut, sur 21 de large.

MELCHIOR HONDEKOETER.

79 Deux Paons, une très belle poule blanche hupée, six petits poulets, deux cannes, un coq en colere, placé sur un pied d'estal, & un pigeon en l'air; tous ces animaux sont de grosseur naturelle. A gauche, sur un plan un peu plus éloigné, on

apperçoit un très beau Château proche de la riviere. Ce Tableau eſt
peint ſur toile de 4 pieds 1 pouce
de haut, ſur 4 pieds 11 pouces de
large ; ſans bordure.

80 Un Paon perché ſur une branche
d'arbre, un coq, une poule, des
cannes ſur terre & dans l'eau, & des
cannetons effrayés par un oiſeau de
proie qui ſemble s'abattre ſur eux ;
tous ces animaux ſont auſſi forts que
nature ; le fond de ce Tableau repréſente du payſage & de l'architecture. Il eſt peint ſur une toile de
6 pieds 2 pouces de haut, ſur 5
pieds 9 pouces de large.

81 Un autre Tableau du même Maître, compoſé d'une canne blanche
hupée & deux cannetons dans l'eau,
deux autres cannetons & deux cannes ſur terre, un coq & une poule ;
une pie perchée ſur la branche d'un
arbre, un faiſand ſur un pied d'eſtal,
un pigeon en l'air. Ce Tableau eſt
peint ſur une toile de 4 pieds 10
pouces de haut, ſur 5 pieds de
large, renfermé dans une bordure
noire.

82 Un cormoran, un heron, un

coq & une poule ; des cannes étran-
geres & des cannetons, dont pluſieurs ſont dans une piéce d'eau. Ce
Tableau eſt encore peint ſur toile
qui porte 4 pieds 3 pouces de haut,
ſur 5 pieds de large ; ſans bordure.

83 Autre Tableau, ſans bordure,
peint ſur une toile de 5 pieds 7
pouces de haut, ſur 4 pieds 8 pouces de large. Il repréſente, dans un
payſage, un très beau paon & ſa fe-
melle, placés ſur un pied d'eſtal,
différentes cannes & des animaux.

Les cinq Tableaux déſignés
ſous les numéros précédents, ont
un mérite que l'on diſtingue.
Melchior Hondekocter les a
peints dans ſon bon tems.

JEAN LE DUC.

84 Deux Muſicos, chacun compoſé
de quatre figures ; dans l'un on remarque un Officier aſſis tenant une
pipe & un grand verre de vin, une
femme lui préſente une huître ; dans
l'autre, une femme a le dos appuyé
ſur un oreiller, pendant qu'un Ca-

valier lui prend la main & tient un verre. Ces deux Tableaux font clairs, pittorefques & amufants ; ils font peints fur toile colée fur bois , & portent chacun 12 pouces & demi de haut, fur 9 pouces & demi de large.

GASPARD NETSCHER.

85 Une Dame affife proche de fa table de toilette, couverte d'un riche tapis de Turquie , avec une boîte , un miroir & un chandelier ; elle eft vêtue d'un corfet avec des manches de fatin jonquille ; fon jupon eft auffi de fatin , mais il eft blanc , enrichi d'agréments en or ; une femme-de-chambre lui accommode fes cheveux. Sur la gauche du Tableau , on voit un domeftique qui tient une éguiere dans un plat d'argent, & un chien qui court à fa Maîtreffe. Ce Tableau eft d'une grande beauté ; les étoffes font on ne peut mieux repréfentées , & le coloris des plus agréables. Il eft peint fur une toile de 29 pouces de haut, fur 23 de large.

86 Un jeune Garçon en cheveux, tête

nue à une fenêtre ; il fait des bou-
teilles de favon , fa mere proche de
lui le regarde ; un fep de vigne orne
le haut de la fenêtre , fur laquelle il
y a une cage , & fur l'appui un bon-
net orné d'une plume blanche , &
un girafol dans une bouteille de
verre. Ce Tableau , peint fur bois ,
porte 9 pouces 1 quart de haut , fur
6 pouces & demi de large.

GERARD DE LAIRESSE.

87 Notre Seigneur avec fes Difciples :
toutes ces figures font placées très
avantageufement autour d'une table, dans une piece ornée d'architecture, où l'on remarque, dans l'é-
loignement, un domeftique qui ap-
porte un plat, & une femme un vafe.
Sur le devant du Tableau, un Ne-
gre, un genou à terre, verfe du vin
d'un vafe dans un autre, qui eft
dans une grande cuvette de cuivre rouge ; un chien tient un os :
une éguiere de lapis richement ornée, fur un plat d'or, proche d'un
grand chandelier.

Ce Tableau eft un des principaux morceaux de Lairesse. Il est peint sur une toile de 4 pieds 1 pouce & demi de haut, sur 4 pieds 10 pouces & demi de large.

88 Un Ange qui apparoît à Agar pour la consoler, figure d'un pied de proportion ; ce Tableau, qui est du même *faire* que le précédent, est aussi peint sur une toile de 24 pouces de haut, sur 21 pouces & demi de large.

Godefroy Schalken.

89 Narcisse vû à mi-corps, & se regardant dans le reflet de l'eau d'une fontaine ; il est presque nud. Ce Tableau est d'un beau fini, & brillant de coloris. Il est peint sur une toile de 16 pouces de haut, sur 12 de large.

90 Une femme tenant un enfant sur ses genoux, dont on ne voit que la tête, elle lui montre une rose ; un vieillard soufle le feu d'un réchaud sur lequel est de la bouillie, & une cuillier dans une écuelle. Ce Ta-

bleau, outre le précieux du pinceau & une belle fonte, a un effet des plus piquants ; il est peint sur toile qui porte 13 pouces & demi de haut, sur 11 pouces 3 quarts de large.

ARENT (ARNOULD) DE GELDER.

91 Assuerus représenté à mi-corps ; c'est le moment qu'Esther lui parle en faveur de Mardochée. Ce Tableau est peint sur une toile de 28 pouces de haut, sur 35 de large.

92 Le même Sujet peint aussi par Gelder, sur une toile de 3 pieds 11 pouces de haut, sur 5 pieds 3 pouces de large.

CORNILLE HUYSMAN DE MALINES.

93 Un Paysage avec huit figures ; trois se disposent à se baigner, & trois autres sont au bord de la riviere, dont une d'entr'elles puise de l'eau. Ce Tableau est sur toile ; il porte 23 pouces de haut, sur 27 de large.

JEAN ASSELYN, surnommé KRABBETJÉ.

94 Deux Tableaux en pendants, peints

sur toile chacun de 18 pouces de haut, sur 23 pouces & demi de large. Ils repréfentent des campagnes enrichies de fabriques & de montagnes. Sur le devant de l'un on remarque, entr'autres figures, une femme à cheval, un homme, un chien, des vaches dans l'eau ; dans l'autre, un ruiffeau formé par une fontaine, où boivent un homme & un chien ; plufieurs perfonnages font à cheval, & d'autres à pied, à côté de leurs chevaux. Ces deux morceaux font du bon tems d'Affelyn, & doivent être confidérés.

DECKER.

95 Une Maifon de bois, qui femble appartenir à des gens peu fortunés, environnée de plufieurs arbres. Sur la droite, à une diftance, on voit, dans un terrein parqué, un petit homme fuivi de fon chien, & dans un autre, des moutons ; un homme eft dans un chemin, fur une élévation.

Ce Tableau eft d'un effet fingulier, pittorefque & intéreffant ;

on peut aſſurer qu'il n'eſt pas poſ-
ſible de trouver un morceau plus
parfait de ce Maître. Il eſt peint
ſur bois, & porte 17 pouces 3
lignes de haut, ſur 23 pouces 3
lignes.

96 Deux Maiſons, dont une baraque couverte de chaume, beaucoup
d'arbres. On voit, pour toutes figures, un payſan tenant un bâton &
marchant au travers d'un terrein ma-
récageux; un chien blanc boit. Ce
morceau eſt un des bons de ce Maître; il eſt peint ſur bois, & porte
18 pouces 3 lignes de haut, ſur 24
pouces 3 lignes de large.

97 Une grande maiſon de payſan,
des arbres, des plantes, une femme
chez elle, un coq perché & un homme aſſis. Ce Tableau eſt peint ſur
bois; il porte 18 pouces de haut,
ſur 14 & demi de large.

PHILIPPE GHERARDY.

98 Un Tableau peint ſur une toile
de 17 pouces de haut, ſur 20 pouces de large; il repréſente ſix hom-

mes & trois femmes proche d'une table, qui tiennent un concert vocal & inſtrumental dans un ſalon, au bout duquel, proche d'une colonne, eſt une femme aſſiſe, qui joue avec un chien. Ce morceau eſt très agréable, & ce n'eſt pas le ſeul avantage qu'il ait.

KOENRAET ROEPEL.

99 Uu Vaſe orné d'enfants en bas-relief, rempli de diverſes belles fleurs groupées avantageuſement, & un nid de quatre œufs, l'un & l'autre poſés ſur une table qui eſt dans une niche enrichie d'architecture. Ce Tableau eſt d'une extrême beauté, & peut ſe mettre en parallele avec un beau Tableau de Van Huyſum. Il eſt peint ſur une toile de 33 pouces de haut, ſur 24 de large.

SIMON VERELST.

100 Deux Tableaux, chacun eſt compoſé de belles fleurs dans un vaſe de verre poſé ſur une table. Ces morceaux ont une vérité des plus frap-

pantes; ils font peints fur toile, &
portent chacun 23 pouces de haut,
fur 19 pouces & demi de large.

JOACHIM FRANÇOIS BEICH.

101 Un groupe de quatre figures,
dont deux jouent aux cartes proche
d'une maifon; on remarque à droite une fontaine agréable. Ce Tableau eft peint fur une toile de 15
pouces & demi de haut, fur 12 pouces & demi.

VANDER HELST.

102 Différents oifeaux & un coq attaché par une patte, peints fur une
toile de 30 pouces de haut, fur 25
de large.

VAN NIKELEN.

103 Le dedans d'une très riche Eglife, ornée de figures & enrichie de
perfonnages. Ce Tableau eft très
bien peint, fur une toile de 15 pouces & demi de haut, fur 17 & demi
de large.

De Heusch.

104 Un payfage & vue de riviere qui
bordent dans l'éloignement une
grande ville, & vient tomber, en
ferpentant, fur différents rochers,
ce qui rend le coup d'œil des plus
agréables ; on remarque fix figures
très bien deffinées. Ce Tableau eft
dans la maniere de Locatelly ; &
auffi beau que s'il étoit de ce Maître ; il eft peint fur une feule plan-
che de bois de cedre, qui porte 30
pouces de haut, fur 43 de large. Le
nom de l'Auteur & l'année 1693
font marqués fur ce Tableau.

Compardel.

105 Le Portrait de Gerard Dov, re-
préfenté à mi-corps à une fenêtre,
tenant fa palette, fes pinceaux &
un livre ouvert. Compardel étoit
ami de Dov, & célebre Peintre en
miniature ; ce morceau-ci en eft une
preuve évidente.

ECOLE FRANÇOISE.

NICOLAS POUSSIN.

106 DEUX Tableaux peints sur toile, chacune de 2 pieds 10 pouces de haut, sur 4 pieds de large.

Ces deux morceaux sont d'un bon coloris ; on les met au rang des Ouvrages distingués de ce célebre Artiste. L'un représente Angelique qui fait enlever Renaud par des monstres transformés en plaisirs ; l'autre laisse voir Angelique trouvant Médor blessé, & coupant une tresse de ses beaux cheveux, pour servir d'appareil à sa blessure. Ces Sujets sont tirés du Tasse.

CLAUDE GELÉE, dit LE LORRAIN.

107 Un Paysage avec des fabriques & des montagnes ; on remarque sur le

devant, des vaches & autres animaux qui paſſent dans une riviere,
ſuivis d'un homme en habit jaune,
d'une femme portant une robe
bleue, un panier ſur ſa tête, &
d'un chien. Sur la gauche, proche
de cette riviere, un groupe de trois
figures, dont une fille qui déchauſſe
ſon pere.

Ce Tableau très capital eſt
chaud de coloris ; les effets de la
plus belle nature y ſont repréſen-
tés avec cette vapeur qui ſatisfait
entierement tous les Amateurs. Il
eſt peint ſur toile, & porte 3 pieds
de haut, ſur 4 pieds de large.

108 Un autre Payſage d'une beauté
distinguée & de même grandeur que
le précédent ; ce Peintre y a repréſenté la fraîcheur du matin ; il y
a auſſi ſur le devant une riviere, où
paſſent un homme & une femme,
qui conduiſent des vaches : dans le
coin, à gauche, ſur une partie du
terrein, un homme avec des moutons & autres animaux.

SEBASTIEN BOURDON.

109 Une Caverne où se sont retirés des mandiants & gens sans aveux, hommes, femmes & enfants : Tableau peint sur une toile de 24 pouces de haut, sur 18 de large.

110 Un *Musico* composé de neuf figures, un lit, une table & différents ustensiles, sur une toile de 17 pouces & demi de haut, sur 24 & demi de large.

111 Le Portrait d'un Ministre François, peint à mi-corps sur une toile de 41 pouces de haut, sur 33 de large.

CLAUDE LEFEBVRE.

112 Un Portrait d'homme, peint sur une toile de 38 pouces de haut, sur 33 de large.

JEAN-BAPTISTE MONOYER.

113 Deux Tableaux peints sur toile, chacun représente un vase de fleurs. Ils portent 15 pouces de haut, sur 11 pouces 3 quarts.

JEAN FOREST.

114 Deux payſages & vues de riviere; on remarque pluſieurs figures dans l'un & dans l'autre, tant à pied qu'à cheval. Ces Tableaux ſont agréables, des plus beaux & des mieux conſervés de ce bon Coloriſte. Ils ſont chacun peints ſur toile, & portent 2 pieds & demi de haut, ſur 4 pieds de large.

115 Un Payſage enrichi de figures: Tableau peint ſur une toile de 26 pouces de haut, ſur 36 de large.

JEAN JOUVENET.

116 Ulyſſe découvre Aſtyanax dans le tombeau d'Hector ſon pere, & Andromaque cherche à le garantir du péril qui le menace. Ce Tableau eſt un des plus parfaits de ce Maître, & riche de compoſition; il eſt peint ſur une toile de 24 pouces de haut, ſur 30 de large.

117 Diane & Endimion: Tableau ſur bois, qui porte 10 pouces de haut, ſur 8 pouces 1 quart de large.

JEAN-BAPTISTE SANTERRE.

118 Les Portraits de deux fameuses Comédiennes du dernier siecle, dont l'une, que l'on croit être la Chanmeflé, est représentée en Cornelie, la main appuyée sur l'urne qui renferme les cendres de Pompée son époux. Ce Tableau est beau & d'un bon coloris ; il est peint sur une toile de 4 pieds 5 pouces de haut, sur 3 pieds 4 pouces de large.

NICOLAS DE LARGILIERE.

119 Un Portrait d'homme, avec des mains, de grandeur naturelle, vû jusqu'aux genoux : il est peint sur toile, & porte 4 pieds de haut, sur 3 pieds 1 quart de large. Ce Tableau est un des beaux de ce Maître ; il n'a point de bordure.

120 Un beau Portrait de Dame, aussi avec des mains & de même grandeur que le Tableau du n°. précédent.

121 Un autre Portrait de Dame, peint sur toile.

JOSEPH

JOSEPH PARROCEL.

122 Une Bataille richement compofée, peinte fur une toile de 12 pouces 3 quarts de haut, fur 19 de large.

123 Autre auffi fur toile qui porte 20
pouces & demi de haut fur, fur 34
de large.

ANTOINE WATTEAU,

124 Sept femmes occupées à parer Jupiter fous la forme d'un taureau, fur
lequel eft Europe ; ce Tableau eft
agréable ; il eft peint fur toile, &
porte 17 pouces & demi de haut,
fur 25 de large.

CHARLES COYPEL.

125 Renaud & Armide : Tableau compofé de quatre figures, fur une toile
de 36 pouces de haut, fur 30 pouces
de large. C'eft un des meilleurs morceaux de ce Maître : on en trouve
l'Eftampe gravée par F. Joulain.

DE LAISTRE.

126 Cephale & Procris; Tableau peint
fur une toile de 30 pouces de haut,
fur 36 de large.

C

JA. A. JO. AVED.

300   127 Le Portrait de Jean-Jacques Rouſſeau , peint ſur toile ; il porte 4 pieds
de haut , ſur 3 pieds de large.

240   128 Celui de Crebillon , ſur une toile
de 4 pieds & demi de haut , ſur 3
pieds 4 pouces de large.

SEBASTIEN CHARDIN.

129 Des raiſins & des pêches dans
un panier. Une poire , une pêche,
des prunes , un gobelet d'argent &
une bouteille. Tableau peint ſur une
toile de 29 pouces de haut , ſur 23
pouces de large.

130 Un autre Tableau ſur toile de 30
pouces de haut , ſur 24 de large : on
y voit deux maquereaux attachés à la
muraille ; deux concombres , deux
ciboules & un grand gobelet, ſur une
table.

131 Autre de 5 pieds 11 pouces de
haut , ſur 3 pieds 4 pouces : on y remarque un vaſe ſur un piédeſtal ;
un canard attaché à l'anneau dudit
vaſe, un lièvre , une boîte à poudre,
une gibbeciere , un fuſil , un cors-

de chasse & un chien barbet. Ce Tableau est touché d'art.

132 Un Tableau peint grassement sur toile de 6 pieds & demi de haut, sur 4 pieds 5 pouces de large ; il représente un liévre, un canard, une gibbeciere, une boîte à poudre, un cors-de-chasse ; le tout groupé ensemble & attaché à un arbre ; un fusil, deux lapereaux, un faisand mort & un chien. *120-1*

133 Deux Tableaux sur toile de 20 pouces de haut, sur 16 de large ; l'un est composé d'une perdrix attachée par la patte à la muraille ; un pot de terre, un citron & une pomme ; l'autre l'est d'une gibbeciere, une boîte à poudre & deux perdrix. *45.*

134 Un liévre, une gibbeciere, une boîte à poudre & un fusil dans un paysage, sur une toile de 30 pouces de haut, sur 37 pouces de large, sans bordure. *24.*

135 Un canard attaché à la muraille, & un citron sur une table. Tableau peint sur une toile de 29 pouces de haut, sur 23 de large. *40-1*

136 Des fleurs dans un vase de porcelaine blanche à fleurs bleues, posé *12-*

fur une tablette ; ce Tableau eft
peint fur une toile de 17 pouces de
haut, fur 14 de large.

J. R A O U X.

137 Deux Dames dont une affife tenant un livre de mufique ouvert
proche d'un clavecin ; ce Tableau
gracieux, a des effets de lumiere piquants ; il eft peint fur toile &
porte 30 pouces de haut , fur 24 de
large.

A N T O I N E L E B E L.

138 Un Tableau peint fur une toile de
33 pouces de haut, fur 42 de large,
repréfentant un foleil couchant. La
compofition eft un fort agréable payfage , une riviere , des vaches qui
pâturent dans une ifle ; plufieurs figures d'hommes & de femmes fur
différents plans. Ce Tableau eft ra-
goutant , & peint avec beaucoup
d'art.

139 Autre Payfage peint fur toile de
25 pouces de haut, fur 36 de large.
On y voit des rochers, une riviere ,
une femme affife avec fon chien ,
qui garde des vaches ; deux jeunes

enfants, dont un tient une ligne.
Ce Tableau eft d'un bon empâtement ; il regne une vapeur aérienne
qui fait connoître & diftinguer les
talents de l'Auteur.

140 Plufieurs maifons, une riviere,
du payfage & des figures ; Tableau
fur une toile de 2 pieds 10 pouces
de haut, fur 4 pieds 5 pouces de
large.

141 Deux Payfages avec figures ;
dans l'un on remarque plufieurs
maifons très peu éloignées de la
riviere.

142 Payfage avec une riviere ; Tableau fur une toile de 30 pouces
de haut, fur 24 de large ; on y voit
deux groupes de perfonnages.

143 Deux hommes qui jouent avec
un enfant ; tous trois font affis dans
une baffe-cour où font des poules
& divers uftenfiles. Ce Tableau eft
peint fur une toile de 23 pouces de
haut, fur 36 de large.

144 Deux Tableaux en pendants,
peints chacun fur une toile de 42
pouces de haut, fur 27 pouces &
demi de large. L'un repréfente un
chemin dens des rochers & du pay-

fage ; deux figures & un chien font fur le devant, un homme à cheval dans le chemin. L'autre Tableau, auffi compofé de rochers, d'une chûte d'eau & d'une riviere, proche de laquelle deux hommes fe repofent. Ces Tableaux font d'un bon *faire*, & font confidérés.

145 Un Payfage d'un bon ton de cou-leur, repréfentant la fraîcheur du matin. On remarque un garçon & une fille affis l'un proche de l'autre au pied d'un arbre, & des vaches dans l'entrée d'un bois. Ce Tableau, peint fur toile, porte 18 pouces de haut, fur 25 pouces de large.

DOYEN.

146 Le Sacrifice d'Iphigenie ; cette compofition eft heureufe ; les principales figures ont 2 pieds de proportion : Tableau fur une toile de 4 pieds 10 pouces de haut, fur 5 pieds 11 pouces de large.

LE SUEUR.

147 *Noli me tangere* : Tableau fans

bordure , de 4 pieds & demi de haut , sur 5 pieds 11 pouces de large.

148 Autre Tableau du même, repré-
sentant l'Education de l'Amour, *20ᴸ*
peint sur une toile de 2 pieds 9 pouces de haut, sur 3 pieds 7 pouces de large.

TERSONIER.

149 Tarquin & Lucrece , figures gran- *84 - 10*
comme nature : Tableau peint sur une toile de 5 pieds de haut , sur 6 pieds de large.

150 Un Sujet de l'Histoire Romaine, peint dans le goût de F. de Troy , sur une toile de 5 pieds 11 pouces *29 - 19*
de haut , sur 4 pieds & demi de large.

151 Pan poursuit Syrinx , que Penée reçoit dans ses bras. Sur une toile *24*
de même hauteur que le précédent, sur 4 pieds de large.

152 Autre Tableau de 4 pieds de *24*
haut, sur 3 de large , représentant la Sibylle de Cumes.

153 La continence de Scipion : 6 pieds *41*
de haut , sur 4 pieds de large.

154 Autre Tableau de même grandeur.

155 Danaé recevant la pluie d'or. Tableau sur toile de 3 pieds 9 pouces de haut, sur 4 pieds de large.

156 S. Joseph à mi-corps, qui tient & regarde l'Enfant Jesus dormir : peint sur une toile qui porte 2 pieds & demi de haut, sur 3 pieds 1 pouce de large.

157 Bacchus & Ariane : sur une toile de 3 pieds 7 pouces de haut, sur 2 pieds 8 pouces de large.

Tableaux de diverses Ecoles, tant originaux que copies.

158 Une Nativité peinte sur cuivre. Ce Tableau porte 15 pouces de haut, sur 11 pouces de large.

159 Un Paysage avec figures & animaux : Tableau peint dans le goût de Gobo des Carraches, sur une toile de 3 pieds 8 pouces de haut, sur 4 pieds 6 pouces de large.

160 Une Adoration des Mages : Tableau richement composé ; peint en Italie, sur une toile de 19 pouces de haut, sur 15 & demi de large.

161 Une Etude de la chûte des Anges, d'après Michel Ange, peinte sur papier colé sur bois; elle porte 17 pouces de haut, sur 26 pouces de large.

163 Deux Tableaux peints sur toile, chacun porte 3 pieds de haut, sur 2 pieds 5 pouces de large; ils sont originaux de maître Flamand, l'un paroît être le portrait d'un Sculpteur qui tient une petite figure de ronde bosse; l'autre celui d'un Musicien, tenant un papier de musique.

164 Deux voleurs, dont un le poignard à la main arrête un homme; une femme tient une lanterne allumée, & un autre a un panier au bras. Ce Tableau, peint sur toile, porte 16 pouces de haut, sur 20 de large.

165 Une fileuse & deux enfans; un homme charge du bois sur un âne, un autre en ramasse proche d'une maison. Ce Tableau qu'on estime être d'un de *Nain*, est peint sur une toile de 22 pouces de haut sur 28 de large.

166 Un Tableau original Flamand,

peut être de Nieulant ; il est très riche de composition, & a beaucoup
de mérite : on y voit un moulin à
eau, beaucoup de fabriques, & de
très belles figures. Ce morceau peint
sur cuivre porte 15 pouces de haut,
sur 22 pouces & demi de large.

167 Un paysage avec figures, Tableau
original qui n'est pas sans mérite ;
il est peint sur une toile de 17 pouces de haut sur 22 & demi de large.

168 Un paysage avec figures & animaux dans le goût de Corneille,
peint sur bois qui porte 14 pouces
de haut, sur 20 de large.

169 Un sujet de Rebecca. Ce Tableau
est fort bien peint ; les uns l'estiment
être peint par le Moine ; les autres
le disent avoir été fait dans son
Ecole, & retouché par lui-même,
sur une toile de 2 pieds & demi de
haut, sur 2 pieds de large.

170 Martyre de S. Etienne, peint sur
albâtre de forme ovale. Ce Tableau
porte 5 pouces & demi de haut, sur
6 pouces 3 quarts de large.

171 Un Tableau peint sur une toile
de 5 pieds 2 pouces de haut, sur

7 pieds 2 pouces de large ; il repréfente un repas champêtre très agréablement compofé, dans le goût de
P. P. Rubens.

172 Des Pêcheurs. Tableau dans le
goût de Teniers, fur une toile de
12 pouces & demi de haut, fur 9
pouces & demi de large.   28.ₗ

173 Deux payfages avec figures auffi
dans le goût de Teniers, peints fur
bois ; ils portent chacun 4 pouces
3 quarts de haut, fur 6 pouces 3
quarts de large.   30.

174 Des baigneurs dans la riviere, &
des cavaliers qui abreuvent leurs
chevaux. Tableau peint fur bois ; il
porte 16 pouces de haut, fur 20 pouces & demi de large.   25 - 1

175 Deux belles copies d'après San-
terre, dont la chanteufe ; elles font
peintes fur toile, & portent chacune
30 pouces de haut, fur 23 de large.   14 - 1

176 Une Efpagnolette dans le ftile de
Grimou, & que l'on croit être une
répétition de ce Maître ; elle eft
peinte fur une toile de 17 pouces
de haut, fur 21 de large.   92 -

177 Un payfage avec figures, par *Col-
landon*, peint fur une toile de 15   8 - 1

pouces 6 lignes de haut, sur 19 pouces de large.

178 Le Buste d'un Roi d'Espagne. &
de la Reine son épouse, peints sur
toile : chacun porte 17 pouces de
haut, sur 13 de large.

179 Un Buste de Vierge, peint par
feu M. Aved, d'après M. Restout,
sur une toile de 17 pouces de haut,
sur 13 de large.

180 Un Portrait d'homme assis, vû à
mi corps, copié d'après Rembrandt
aussi par M. Aved. Ce Tableau est
peint sur une toile de 30 pouces de
haut, sur 23 de large.

Figures & Bustes de Bronze.

181 L'Enlevement d'une Sabine: Groupe de trois figures de l'invention de
Jean de Boulogne; il porte 2 pieds de
haut, non compris un joli pied de
bronze, doré, contourné & percé à
jour.

182 Deux Bustes d'environ 16 pouces
de haut ; l'un d'un Faune, l'autre
d'une tête de femme élégante moderne, sur des pieds de bois de 6
pouces de haut.

183 Un Groupe de quatre enfans qui enchaînent un dogue ; ce bronze porte 7 pouces de hauteur.

184 Venus & Mercure, en pendant : chacune de ces figures porte 7 pouces & demi de haut, fur des pieds de marquetterie.

185 Deux autres figures plus petites, l'une de femme, l'autre d'un enfant qui porte un vafe.

Bronzes Chinois.

186 Un Vafe ou Caffolette, porté par quatre pieds en forme de rofeaux, avec fon couvercle à jour, & deux autres petits vafes à anneaux, avec ornement en bas-reliefs.

187 Trois autres bronzes, l'un en forme de terrine à anfe, fupportée fur trois pieds ; il porte 6 pouces de diametre ; les deux autres de 6 pouces de hauteur, avec la bouche évafée en trompette.

188 Un grand & beau pot-pourri à anfe de forme quarrée, avec un couvercle percé à jour, & d'un joli travail.

189 Un autre plus petit dans le même goût.

Figures & Buftes de marbre blanc.

190 Hercule au berceau, étouffant un des ferpens que Junon avoit envoyés contre lui. Ce morceau qui eft fait par un bon Artifte, porte 1 pied de haut, fur autant de largeur.

191 Deux Buftes, l'un d'homme, l'autre de femme moderne, dans le goût Romain; ils portent chacun 32 pouces de haut, & font portés fur des gaînes de marbre de Sicile.

Meubles & Porcelaines, &c.

192 Une table d'albâtre oriental imitant la Sardoine; elle eft parfaitement plaquée, fon contour eft agréable; elle porte 4 pieds de longueur, fur 2 pieds de largeur, fon pied eft à quatre confoles de bois, fculpté, doré, très légerement travaillé & de bon goût.

193 Une table de bon goût, de forme ceintrée, en marquetterie de cuivre, garnie d'ornemens de bronze & de

deux têtes d'espagnolette composée par *Boule*.

194 Deux Eguieres de bronze doré, ornées de bas-reliefs & d'une anse terminée par une figure de femme.

195 Deux Globes en carton, l'un terrestre & l'autre céleste, de 30 pouces de diametre, avec un Equateur de bronze ; ils sont montés sur des pieds de bois.

196 Une petite Pendule, sur un pied doré, montée dans une cage de porcelaine, accompagnée de cinq figures chinoises aussi de porcelaines colorées.

197 Deux Chandeliers à deux branches, dorés d'or moulu, ornés de deux oiseaux de porcelaine, colorée.

198 Deux autres Chandeliers aussi à deux branches, garnis de fleurs & d'enfant de porcelaine de Saxe.

199 Un beau Vase en forme d'urne, d'ancienne porcelaine céladon craquelée, à fleurs & mosaïques en reliefs, garni agréablement de bronze, doré d'or moulu à guirlandes & masques de lion. Ce morceau, porte un pied de haut.

200 Une autre Urne de porcelaine, fond blanc & fleurs colorées, montée sur un espece de trépied composé de trois griffons ; le couvercle est surmonté d'un globe, sur lequel est assis l'hymen, le tout de bronze, doré d'or moulu.

201 Un pot-pourri de porcelaine gauffrée à fleurs blanchâtres, garni de cercle de bronze doré.

202 Une Tortue de porcelaine colorée, sur un petit plateau de porcelaine verte ancienne qui sert de suport & de soucoupe à un gobelet de même porcelaine verte.

203 Une grande Urne avec son couvercle de belle porcelaine blanche à fleurs bleues, ancienne.

204 Des Tasses, des soucoupes & autre pieces de porcelaines, tant anciennes que modernes qui seront détaillées.

205 Plusieurs platteaux, coffres & autres morceaux de différens lacs.

206 Des bordures de bois sculptés & dorés, quelques-unes en bois de différentes grandeurs.

207 Plusieurs Tableaux non compris dans ce Catalogue.

268 Des Eſtampes & Deſſeins, dont
on compoſera des articles, & qui ſe-
ront détaillés lors de la Vente.

---

*LISTE des Catalogues que P. REMY
a faits ſeul & de ſociété, pour des
Ventes.*

1. CATALOGUE des Tableaux & des Portraits en émail du Cabinet de M. PASQUIER,
Député du Commerce de Rouen, en 1755.

2. Catalogue raiſonné des Tableaux, Sculptu-
res, tant de marbre que de bronze, Deſſeins & Eſtampes des plus grands Maîtres;
Porcelaines, Meubles précieux, Bijoux &
autres Effets qui compoſent le Cabinet de
M. le Duc DE TALLARD, en 1756.

3. Catalogue d'une Collection conſidérable de
Coquilles rares & choiſies du Cabinet de M.
Le ***, 1757.

4. Catalogue raiſonné de Tableaux, Deſſeins
& Eſtampes des meilleurs Maîtres d'Italie,
des Pays-Bas, d'Allemagne, d'Angleterre &
de France, qui compoſent différents Cabinets, avec des notes ſur la vie de pluſieurs
Peintres modernes des trois Ecoles, dont il
n'avoit été fait mention dans aucun Catalogue. Paris, Didot, 1757.

5. Catalogue des Deſſeins & Eſtampes des plus
grands Maîtres des différentes Ecoles, en
1758.

6 Catalogue de Curiosités en différents gen-
res, dont la principale partie est de l'Histoire Naturelle, en 1759.

7 Catalogue de Desseins, Estampes & Coquilles, en 1759.

8 Catalogue raisonné d'une riche Collection
de Tableaux, dont le plus grand nombre est
de l'Ecole des Pays Bas, de Desseins, Estampes, &c. qui forment le Cabinet de feu
M le Comte DE VENCE, Lieutenant Général des Armées du Roi, & Commandant à la
Rochelle, en 1760.

9 Catalogue des Effets curieux du Cabinet de
M. DE SELLE, Trésorier Général de la Marine. Paris, Didot, 1761.

10 Catalogue d'une très belle Collection de
bronze & autres Curiosités Egyptiennes,
Etrusques, Indiennes & Chinoises, Figures,
Bustes & Bas-reliefs de bronze, d'albâtre &
de marbre, antiques & modernes; Pierres
gravées montées en bagues, &c. du Cabinet
de M. le Duc DE SULLY. Paris, Didot,
1762.

11 Catalogue raisonné des Tableaux, Porcelaines, Bijoux & autres Effets du Cabinet
de feu M. GAILLARD DE GAGNY, Receveur
Général des Finances de Grenoble. Paris,
Didot, 1762.

12 Catalogue d'une Collection de Desseins,
Tableaux & Estampes du Cabinet de feu M.
MANGLARD, Peintre de l'Académie de S.
Luc à Rome. Paris, Didot, 1762.

13 Catalogue de Tableaux, Estampes, en livres & en feuilles, Cartes manuscrites &
gravées, du Cabinet de feu Messire GER-
MAIN LOUIS CHAUVELIN, Ministre d'Etat,

67

Commandeur des Ordres du Roi, & ancien
Garde des Sceaux. Paris, Lotin & Musier,
1762.

14 Catalogue de Desseins des trois Ecoles,
d'un grand nombre de belles Estampes en
feuilles, Livres d'Estampes, &c. Paris, Didot, 1762.

15 Catalogue d'une Collection de belles Coquilles, de Madrépores, Litophytes, Cailloux, Agates, Pétrifications. Paris, Didot,
1763.

16 Catalogue d'une Collection de très belles
Coquilles, Madrépores, Stalactites, Lito-
phytes, Pétrifications, Crystallisations,
Mines, Plaques & Cailloux agatisés & crys-
tallisés, &c. du Cabinet de feue Madame
DEBURE. Paris, Didot, 1763.

17 Catalogue d'Effets curieux du Cabinet de
feu M. HENNIN, Conseiller du Roi, Maître
& Doyen de la Chambre des Comptes de
Paris, & Maître d'Hôtel ordinaire du Roi.
Paris, Didot, 1763.

18 Catalogue raisonné des Tableaux du Cabinet de feu M. PEILHON, Sécretaire du Roi.
Paris, Didot, 1763.

19 Catalogue d'un Cabinet de Curiosités. Paris, 1763.

20 Catalogue d'une Collection de Tableaux
de très bons Maîtres Flamands, Hollandois
& François, dont partie abandonnée à une
Direction de Créanciers.

21 Catalogue d'une Collection de très beaux
Tableaux, Desseins & Estampes de Maîtres
des trois Ecoles, Livres & Suites d'Estampes,
Planches gravées, Figures de marbre & de
terre cuite, Bagues de diamants, Pierres gra-

vées, Boîtes montées en or, Porcelaines, &c.
de la succession de JEAN - BAPTISTE DE
TROY, Directeur de l'Académie de Rome, &c. Paris, Didot, 1764.

22 Catalogue des Curiosités contenues dans les
Cabinets de feu M. SAVALETTE DE BUCHE-
LAY, Gentilhomme ordinaire du Roi, &
l'un des Fermiers Généraux de Sa Majesté.
Paris, Didot, 1764.

23 Catalogue de Desseins, Tableaux & Estampes, après le décès de M. DESHAYS, Peintre du Roi. De l'Imprimerie de Prault, & se
trouve chez P. Remy, rue Poupée, 1765.

24 Catalogue de Tableaux de différents bons
Maîtres des trois Ecoles, de Figures de
bronze, de Bustes de marbre, d'Estampes
montées sous verre, & d'Estampes en feuilles, après le décès de M. le Marquis DE
VILLETTE pere. A Paris, chez Didot, 1765.

25 Catalogue Raisonné des Tableaux, Estampes, Coquilles, & autres Curiosités ; après le
décès de feu M. DEZALLIER D'ARGENVILLE,
Maître des Comptes, & Membre des Socié-
tés Royales des Sciences de Londres & de
Montpellier. A Paris, chez Didot, 1766.

26 Catalogue des Tableaux originaux de différents Maîtres, Miniatures, Desseins & Estampes sous verre, de feue Madame la Mar-
quise DE POMPADOUR. De l'Imprimerie de
Herissant, 1766.

27 Catalogue Raisonné des Curiosités qui
composoient le Cabinet de feue Madame
DUBOIS-JOURDAIN. A Paris, chez Didot,
1766.

28 Catalogue Raisonné des Tableaux d'Italie,
des Pays-Bas & de France, Figures de bronze,

Figures & Buftes de marbre , Porcelaines &
autres Effets qui compofent le Cabinet de
feu M. AVED , Peintre du Roi & de fon Académie. A Paris , chez Didot , 1766.

F I N.

www.ingramcontent.com/pod-product-compliance
Lightning Source LLC
Chambersburg PA
CBHW061418060726
47597CB00003B/1093